essentials

Essentials liefern aktuelles Wissen in konzentrierter Form. Die Essenz dessen, worauf es als „State-of-the-Art" in der gegenwärtigen Fachdiskussion oder in der Praxis ankommt. Essentials informieren schnell, unkompliziert und verständlich.

- als Einführung in ein aktuelles Thema aus Ihrem Fachgebiet
- als Einstieg in ein für Sie noch unbekanntes Themenfeld
- als Einblick, um zum Thema mitreden zu können.

Die Bücher in elektronischer und gedruckter Form bringen das Expertenwissen von Springer-Fachautoren kompakt zur Darstellung. Sie sind besonders für die Nutzung als eBook auf Tablet-PCs, eBook-Readern und Smartphones geeignet.

Essentials: Wissensbausteine aus Wirtschaft und Gesellschaft, Medizin, Psychologie und Gesundheitsberufen, Technik und Naturwissenschaften. Von renommierten Autoren der Verlagsmarken Springer Gabler, Springer VS, Springer Medizin, Springer Spektrum, Springer Vieweg und Springer Psychologie.

Manfred Rühl

# Organisationskommunikation von Max Weber zu Niklas Luhmann

## Wie interdisziplinäre Theoriebildung gelingen kann

Manfred Rühl
Nürnberg
Deutschland

ISSN 2197-6708 ISSN 2197-6716 (electronic)
essentials
ISBN 978-3-658-08923-8 ISBN 978-3-658-08924-5 (eBook)
DOI 10.1007/978-3-658-08924-5

Die Deutsche Nationalbibliothek verzeichnet diese Publikation in der Deutschen Nationalbibliografie; detaillierte bibliografische Daten sind im Internet über http://dnb.d-nb.de abrufbar.

Springer VS
© Springer Fachmedien Wiesbaden 2015
Das Werk einschließlich aller seiner Teile ist urheberrechtlich geschützt. Jede Verwertung, die nicht ausdrücklich vom Urheberrechtsgesetz zugelassen ist, bedarf der vorherigen Zustimmung des Verlags. Das gilt insbesondere für Vervielfältigungen, Bearbeitungen, Übersetzungen, Mikroverfilmungen und die Einspeicherung und Verarbeitung in elektronischen Systemen.
Die Wiedergabe von Gebrauchsnamen, Handelsnamen, Warenbezeichnungen usw. in diesem Werk berechtigt auch ohne besondere Kennzeichnung nicht zu der Annahme, dass solche Namen im Sinne der Warenzeichen- und Markenschutz-Gesetzgebung als frei zu betrachten wären und daher von jedermann benutzt werden dürften.
Der Verlag, die Autoren und die Herausgeber gehen davon aus, dass die Angaben und Informationen in diesem Werk zum Zeitpunkt der Veröffentlichung vollständig und korrekt sind. Weder der Verlag noch die Autoren oder die Herausgeber übernehmen, ausdrücklich oder implizit, Gewähr für den Inhalt des Werkes, etwaige Fehler oder Äußerungen.

*Lektorat:* Barbara Emig-Roller, Monika Mülhausen

Gedruckt auf säurefreiem und chlorfrei gebleichtem Papier

Springer Fachmedien Wiesbaden ist Teil der Fachverlagsgruppe Springer Science+Business Media (www.springer.com)

# Vorwort

Als die Kommunikationswissenschaft in der Mitte des 20. Jahrhunderts in den USA unter den Begriffstiteln *Communications*, *Communication Science* oder *Study of Communication* zur Universitätsdisziplin mutierte, stand die *menschliche Kommunikation* [*human communication*] im Mittelpunkt (Dance 1967; Smith 1966; Schramm 1997) – und das blieb so bis heute (Craig und Muller 2007; Littlejohn und Foss 2011). In einer Festrede zum zehnjährigen Bestehen der School of Public Relations and Communication der Boston University konstatierte Lasswell (1958): „No change in the academic world has been more characteristic of the age than the discovery of communication as a field of research, teaching, and professional employment." Anfangs der 1960er Jahre gab es in Nordamerika bereits zwanzig kommunikationswissenschaftliche Studiengänge und achtzehn einschlägige Forschungseinrichtungen (Ely 1961; Blum 1964). In den 1970er Jahren lehrten an der Stanford University die Kommunikationswissenschaftler Rogers und Agarwala-Rogers (1976, S. XI) *Organizational Communication*. An derselben Hochschule kündigten zur gleichen Zeit Psychologen, Soziologen, Betriebswirte, Ingenieur-, Gesundheits-, Politik-, Erziehungs- und Arbeitswissenschaftler achtzehn Lehrveranstaltungen an unter dem Generalthema „Organisationsverhalten". Sie hielten gleichwohl „Kommunikation" für das wichtigste Element in der Organisationsforschung. Organisationsverhalten wurde als menschliches Äußerungsvermögen beschrieben, das *Sinn*, *Gedächtnis* und *Verstehen* vernachlässigte.

Den wahrscheinlich ersten Überblick über die Erforschung von Organisationskommunikation erstellte Redding (1972). Im deutschen Sprachraum rekonstruierte Theis (1994) kommunikationswissenschaftliche Theorieströmungen, die auf Organisationskommunikation ausgerichtet waren. Und Roberts et al. (1974, S. 501) konstatierten sehr bald: „Organizational communication appears to be in an identity crises."

Bis heute kennen wir keine übergreifende Theorieneinheit für Organisationskommunikation, auch keinen konsentierten Theorienpluralismus. Das *Scientific*

*Management* (Taylor 1911) beschränkte sich auf technisch-physikalische Messungen ausgewählter Industriearbeit; Organisation und Kommunikation kamen als Forschungsprobleme nicht zum Zuge. Die betriebswirtschaftliche Organisationslehre (Plenge 1919) suchte nach der „richtigen" Betriebsführung [management], und die primär sozialpsychologisch experimentierenden Hawthorne-Studien (Mayo 1933; Roethlisberger und Dickson 1939) operierten im Rahmen vorab festgelegter Arbeitsorganisationen. Anders verfährt Weber (1922), dessen Theorie der Bürokratie vom sinnmachenden Handeln Einzelner ausgeht. Follett (2013); Barnard (1970, 1948) und Simon (1945; March und Simon 1958) kombinieren und rekombinieren multidisziplinär erarbeitetes Organisations-, Management-, Kommunikations- und Entscheidungswissen. Luhmann (1964, 2000) opponiert das hierarchisierte Zweckmodelldenken, das traditionell vom Handeln und vom Verhalten ausgeht. Für Luhmann basieren Organisationsprobleme auf Kommunikationsproblemen in Interrelation zu gesellschaftlichen Mitwelten.

Nürnberg, im Dezember 2014 Manfred Rühl

# Inhaltsverzeichnis

# Der Autor

**Manfred Rühl** ist Professor emeritus für Kommunikationswissenschaft an der Otto-Friedrich-Universität Bamberg.

# 1 Organisation und Kommunikation – ein begriffshistorischer Rückblick

In der europäischen Antike werden Sterne systematisch beobachtet. Sie werden in Beziehung gesetzt zu Himmel und Erde, zu Planeten und Naturgewalten, zu Göttern und Menschen. Aus diesen Beziehungen werden individuelle Bedürfnisse, soziale Bedingungen und Zielformeln wie Frieden und Gerechtigkeit [pax et justitia] hergeleitet. Auf dem freien Markt [Agora] der altgriechischen Stadtgesellschaft [Polis] debattierten freie (nur männliche) Bürger öffentlich, mithilfe der Lehre von der Kunstfertigkeit [rhetorike techne]. Die *Freien* waren Gutsbesitzer und Reiterkrieger, die einem Haushalt [Oikos] vorstanden, einer erziehenden, subsistenzwirtschaftlichen und sozialräumlichen Ordnung (Austin und Vidal-Naquet 1984).

Im Mittelalter und in der frühen Neuzeit prägen viele Organisationsstrukturen die europäischen Kulturen in unterschiedlichem Ausmaß: Klöster, Kirchen und Domschulen, Residenzen und Kanzleien, reichsstädtische Magistrate, Werkstätten und Manufakturen, Kaufmannsgilden, Handwerkerzünfte und Handelsgesellschaften, Botensysteme und die Taxissche Pferdepost, „Cräm und Gewölbe" für den Vertrieb von Büchern, diverse „Avisenheuser und Zeitungsbuden". Benedikt von Nursia (480–547) hatte seine klösterlichen Kommunikationsregeln [Regula Benedicti] auf Beten, Schweigen, Arbeiten und Lesungen spezifiziert, die das Zuhören-, Schreiben- und Lesenkönnen als Kommunikationstechniken voraussetzten – zeitlich organisiert durch Uhr und Glockenschlag (Rühl 1993a).

Im 17. Jahrhundert emanzipiert sich ein Organisationsdenken, gebunden an die Begriffe *Organ, Organismus, Organisation, politischer Körper* (Dohrn-van Rossum und Böckenförde 1978), unter Zuhilfenahme der Gegensatzpaare Ganzes/Teile und Zweck/Mittel. Der von William Harvey 1628 entdeckte Blutkreislauf unterscheidet Beschreibungen künftiger politischer und wirtschaftlicher Formati-

© Springer Fachmedien Wiesbaden 2015

M. Rühl, *Organisationskommunikation von Max Weber zu Niklas Luhmann*, essentials, DOI 10.1007/978-3-658-08924-5_1

onen durch die Begriffe Haupt, Körper, Glieder und ähnlichen organischen Topoi [organic topics]. Der wahrscheinlich erste Organisationstheoretiker war der Philosoph und Politikwissenschaftler Thomas Hobbes (1968), der mit dem *Leviathan* ein kirchlich-staatliches Gemeinwesen teils organizistisch, teils mechanizistisch, als Personenmehrheit konstruierte. Der Leviathan sollte wie ein Uhrwerk staatliche Aufgaben und politische Zwecke erfüllen. Solche Organbilder verstellen den Blick auf menschengemachte Kommunikations- und Sozialverhältnisse, die nicht naturgegeben sind, vielmehr vom Intellekt erfunden, akzeptiert, variiert oder abgelehnt werden können (Rühl 2008a).

Im 18. Jahrhundert gelangen mehr mechanische Artefakte ins organisatorische Denkspiel, als die Philosophen und Naturwissenschaftler René Descartes und Isaac Newton „technomorphe" Uhrwerkmodelle erfinden (Dohrn-van Rossum und Böckenförde 1978). Der Philosoph Immanuel Kant (1968, B 287, B 293) unterscheidet in seiner Schrift *Kritik der Urteilskraft* das Vermögen der (mechanischen) Uhr vom Vermögen des (organischen) Baums. Kant beobachtet, dass Räder und Federn der Uhren von Menschen hergestellt werden, weshalb die Uhr über keine „selbstbewegende Kraft" verfügt. Anders der Baum „als organisiertes und sich selbst organisierendes Wesen", der sich mit einer „in sich bildenden Kraft" selbst erzeugt – nach heutiger Sprechweise: selbstbezüglich [self-referential]. Bis weit in das 19. Jahrhundert hinein werden Organisationen durch „organisches Leben" beschrieben, und noch heute ist auch in der Kommunikationswissenschaft üblich, von „Wurzeln" zu reden.

Während und nach der Französischen Revolution wird der Begriff *Organisieren* in die Sprache der handelnden Politik übernommen. Der *Organisateur* wird erfunden, dem ein zweckorientiertes Handeln zugeschrieben wird, ausgerichtet auf Staat und Verfassung. Der Organisateur konnte schon „reorganisieren" und „desorganisieren" im Zusammenhang mit der Neu- und Umgestaltung politischer Institutionen und Verfahren. Der Philosoph Georg Wilhelm Friedrich Hegel (1969, S. 167), der zwischen 1807 und 1808 für eineinhalb Jahre Redakteur und Mitverleger der *Bamberger Zeitung* war, hatte es dort vor allem mit Beschaffung, Absatz, Zensur und Subventionen zu tun. Hegel fällt auf: „[…] es hat jetzt fast das Aussehen, als ob das Organisieren selbst das laufende Geschäft würde" (zit. v. Rühl 2015, S. 57).

Im 19. und 20. Jahrhundert schieben sich die Begriffe Management, Entscheiden und Kommunikation ins Bewusstsein der Organisationsforscher. Deren Forschungsgebiet umfasst Betriebe, Unternehmen, Vereine, Verbände, Regierungen, Parlamente, Gerichte, Ämter, politische Parteien, Schulen, Universitäten, Krankenhäuser, Apotheken, Gewerkschaften, Religionsgemeinschaften, Banken, Verlage, Redaktionen, Filmstudios, Rundfunkanstalten, Wohlfahrtseinrichtungen, Stiftungen, Gefängnisse, Bordelle, Restaurants, Friseurgeschäfte, Messen, Museen,

Orchester, Theater, Armeen und die Polizei. Zu den Objekten der Organisationsforschung gehören aber auch Staatenverbände wie die Europäische Union (EU) oder das Kinderhilfswerk der Vereinten Nationen (UNICEF) als Weltorganisation. Breit und multidisziplinär wird die Beteiligung an Analysen und Synthesen der Organisationsforschung. Wir alle sind Mitglieder zahlreicher Organisationen, und unsere Organisationskarriere beginnt meistens in einer Geburtsklinik. Mitgliedschaften in Organisationen können freiwillig gewählt werden, etwa die Zugehörigkeit zu einem Fanclub oder zu einer Reisegesellschaft. In manchen Organisationen ist die Mitgliedschaft verpflichtend. Zu denken ist an die Grundschule oder an das Finanzamt. Aus unterschiedlichen Gründen sind nicht alle sozialen Verbindungen organisierte soziale Systeme: nicht die Familie, nicht ein Haufen von Akteuren, auch nicht „an abusive chat room".

# 2 Ansätze zur Erforschung von Organisationskommunikation

## 2.1 Frederick W. Taylor – Henri Fayol

Vor einem Jahrhundert waren im US-amerikanischen Wirtschaftssystem radikale Veränderungen zu beobachten: weg von der Manufaktur [workshop and factory], hin zur Fließbandfertigung [assembly-line production]. Der Ingenieur Frederick Winslow Taylor (1856–1915) wollte die industrielle Produktionsarbeit vermessen. Die Produktion sollte durch *Wissenschaftliche Betriebsführung* – nach Taylor (1911) *Scientific Management* – verbessert werden. Richtlinien für effizientere Bewegungsabläufe wurden festgelegt. Deren Vollzug wurde bei den „human machines" mit der Stoppuhr gemessen in der Annahme, Performanz und Effizienz könnten maximiert, zumindest optimiert werden. Taylors Vorstellungen von Kommunikation bezogen sich auf planbare Anweisungen, die von oben nach unten [top-down] verliefen und zur Steigerung produktiver und nützlicher Arbeit führen sollten. Nicht untersucht wurden sinnmachendes Verstehen, soziale Befindlichkeit der Arbeiter und dergleichen Kommunikationszusammenhänge.

Die industriellen Aktivitäten, die der französische Ingenieur Henri Fayol (1841–1925) untersuchte, waren ebenfalls auf technisch-physikalisches Management ausgerichtet. Anders als Taylor nimmt Fayol (1916) neben Betrieben auch Regierungen und Familien in den Blick. In das Ein-Linien-Operationssystem wird ein „Stab" eingebaut, der Unternehmer bzw. Manager beraten soll, ohne sich in deren Entscheidungen unmittelbar einzumischen. In seinem OSCAR-Schema legt Fayol für das Management fünf Prinzipien fest: Organisationsziel, Spezialisierung, Koordination, Autorität und Verantwortung. Er unterstellte Managern und Arbeitern gleichermaßen eine Verhandlungsbereitschaft [willingness for negotiation] in

© Springer Fachmedien Wiesbaden 2015

M. Rühl, *Organisationskommunikation von Max Weber zu Niklas Luhmann*, essentials, DOI 10.1007/978-3-658-08924-5_2

hierarchisierten Organisationen. Hält Taylor geschriebene Anweisungen für richtig, dann bevorzugt Fayol gesprochene Kommunikation von Angesicht zu Angesicht [face-to-face-communication]. Letztere böte den Vorteil, Kommunikation situativ besser abklären zu können.

In der zweiten Hälfte des 19. Jahrhunderts entstanden im deutschen Sprachraum zahlreiche Verbände „organisierter Interessen" (Seeling 1996), die zusammen mit Industriebetrieben eigene Muster der Organisationskommunikation entwickeln. Eigene Aktivitäten und Kommunikationen von Verbänden (genannt *Kooperationen*) beobachteten bereits der Ökonom und Gesellschaftstheoretiker Karl Marx und der Philosoph und Soziologe Herbert Spencer. Beide unterscheiden ein organisatorisches „Innen" von einem gesellschaftlichen „Außen", ohne die Bereiche sonderlich zu spezifizieren. Mit der Industrialisierung der Gesellschaft und dem Entstehen von „Fabriksystemen" und „Bankensystemen" erreicht der Organisationsbegriff für die sozialwissenschaftliche Theoriebildung hohe forschungssteuernde Bedeutung. Mit industrialisierten Arbeitsprozessen entstehen neue Vorstellungen von Wirtschaftlichkeit und ein neuartiges Wirtschaftswissen. Noch fehlen für Analysen der Organisationskommunikation hypothetische Fragestellungen und theoriefähige Forschungstechniken für sozialempirische Untersuchungen.

## 2.2 Johann Plenge

Mit seiner *Allgemeinen Organisationslehre* von 1919 will der Ökonom Johann Plenge (1874–1963) „die allerallgemeinsten Fragen" stellen und „eine neue Wissenschaft an unseren deutschen Universitäten" einführen. Organisation soll heißen: „Bewusste Lebenseinheit aus bewussten Teilen", und Plenges (1965, S. 65) betriebswirtschaftliche Organisationslehre bleibt innenorientiert, ohne zu berücksichtigen, in welcher Gesellschaft sie vollzogen wird. Der Absatz der Produkte und die Lösung organisationsinterner Konflikte werden unabhängig voneinander problematisiert. Erreicht werden soll eine optimale Betriebsführung [management]. Leitbild für das Treffen von Entscheidungen war der Wille einzelner Betriebsführer. Bei Zielkonflikten ging es um zweckmäßige Verwirklichungen. Aus der Betriebszugehörigkeit sollten Rechte und Pflichten auf Produktion und Arbeitsteilung übergehen. Betriebe werden von Betriebswirten rein wirtschaftlich als Aufbau- und Ablaufprozesse vorgestellt. Die selbstgesetzten Zwecke sollen durch Mittel erfüllt werden, ohne diese näher zu definieren. Was sich in Aufbau-und-Ablauf-Vorstellungen nicht einfügt, wird als Störung gebucht. Mit dem relativ einfachen Denkzeug des Zweck/Mittel-Schemas konnten betriebliche Defizite und Pannen nicht erforscht werden. Der Sinn des Betriebsbestands lag in der Leistungseinheit,

Mittel zu beschaffen und den Absatz der Produkte zu steigern. Sozialempirische Fragestellungen und Erkenntnissuchen gehörten nicht in den Orientierungshorizont der *Allgemeinen Organisationslehre* Plenges.

Anfangs des 20. Jahrhunderts wird die deskriptiv operierende *Zeitungskunde* aktiv. Auch sie interessiert sich nicht für die Bildung einer analytischen Organisationstheorie. Die Zeitungskunde beschränkt ihr Organisationsdenken auf ein verhältnismäßig einfaches Begriffsbild, mit dem die Zeitungsredaktion als ein aus Teilen bestehendes Ganzes im Verlag beschrieben wird. Dem Redaktionsbetrieb wird eine Zweck/Mittel-Rationalität unterstellt, mit Verlegern und Redakteuren als „tragenden Persönlichkeiten" (Dovifat 1931). Die Zeitungsredaktion gilt der Zeitungskunde als geistiger Gestalter des Wirtschaftsunternehmens Zeitung (Schöne 1928, S. 57 ff.). Ein übergreifendes Rationalprinzip, vergleichbar mit der Gewinnmaximierung in der Betriebswirtschaftslehre, blieb für die Zeitungskunde unbekannt.

## 2.3 Elton Mayo – Fritz J. Roethlisberger

An der Harvard Graduate School of Business Administration wird in den 1920er Jahren eine sozialpsychologisch-soziologische Industrieforschung institutionalisiert. Elton Mayo (1880–1949), ein experimentierender Sozialpsychologe und Industrieforscher hatte, zusammen mit seinem Schüler, dem späteren Kollegen Fritz J. Roethlisberger (1898–1974), ein großes Forschungsprojekt in Angriff genommen. Es war lokalisiert in den Hawthorne-Werken der Firma *Western Electric* in Cicero, Illinois, einem Tochterunternehmen der *American Telephone and Telegraph Company* (*AT&T*). Methodisch platzierten die Harvardforscher „Zuhörer" in kooperationsbereite Unternehmen, um Symptome sozialer Unzufriedenheit und sozialer Unruhe bei Probanden „herauszuhören". Probanden waren vorwiegend ungelernte bzw. angelernte Arbeiterinnen [Low-Income-Women] aus einem polnischen Migrationsmilieu der Metropolregion Chicago. Definierte der Taylorismus menschliche Arbeit rein technisch-physikalisch, um sie rein monetär zu entlohnen, dann betonten Mayo, Roethlisberger & Co. die Bedeutsamkeit zwischenmenschlicher Beziehungen in der Industriearbeit. Die Arbeitsverhältnisse in den Hawthorne-Werken wurden „industriepsychiatrisch" und industriesoziologisch anhand von Experimenten, anonymisierten Interviews und dem Führen von Tagebüchern durch Probanden getestet. Die Studien waren mehrstufig angelegt und wurden zwischen 1927 und 1932 durchgeführt. Die Arbeiterinnen merkten bald, dass sie von Universitätsleuten bei der Arbeit beobachtet wurden. Deren Motive waren ihnen unbekannt. Als Arbeitsbedingungen, beispielsweise Lichtverhältnisse, experimentell verschlechtert wurden, steigerten die Arbeiterinnen gleichwohl ihre Leistungen. Wie sich herausstellte: sie honorierten, dass sich jemand um sie kümmerte. Vorher hatte die Betriebsleitung „private" Gespräche am Arbeitsplatz untersagt. Dadurch, so befanden die Forscher, blieben Beobachtungen, Einsichten und mögliche Verbesserungsvorschläge der Arbeiterinnen ungesagt.

Die Forschungsergebnisse wurden von Elton Mayo in einem Satz zugespitzt: „We discovered that there were people in those factories" – keine „human machines", wie noch Frederick Taylor annahm. Mayo und Roethlisberger vermuteten die Existenz einer „formellen" und einer „informellen" Organisation. Probleme wie „Arbeitszufriedenheit", „Arbeitsmoral", „Betriebsklima" oder „Organisationskultur" wurden von den Hawthorne-Studien angeregt. Was noch fehlte waren theoriegestützte, hinreichend abstrakte Fragestellungen, mit denen wirtschaftlichen, sozialen, psychischen und technologischen Organisationsproblemen differenziert nachgegangen werden konnte.

# Theorienbildung für Organisationskommunikation 3

## 3.1 Max Weber

Der Jurist, Nationalökonom, Historiker und Soziologe Max Weber (1864–1920) operiert in seiner Bürokratieforschung mithilfe von Begriffen und Argumenten einer sinnmachenden Handlungssoziologie. Weber liefert als erster theoretisch-empirische Vorlagen für eine testfähige Organisationskommunikation. Sein Werk ist noch nicht überholt. Ihm werden in Biographien immer wieder inkongruente Perspektiven abgewonnen (Weischenberg 2012; Scaff 2013; Kaube 2014). Dem Gelehrten Max Weber stand ein schier polyhistorisches Wissen zur Verfügung, mit dem er in einem vergleichsweise kurzen Arbeitsleben nachwirkende Forschungsfragen stellen konnte.

Max Weber (1985, S. 28, H. i. O.) unterscheidet definitorisch zwischen Macht [power], Herrschaft [authority] und Disziplin [discipline]. „*Macht* bedeutet jede Chance, innerhalb einer sozialen Beziehung den eigenen Willen auch gegen Widerstreben durchzusetzen, gleichviel worauf diese Chance beruht." „*Herrschaft* soll heißen die Chance, für einen Befehl bestimmten Inhalts bei angebbaren Personen Gehorsam zu finden; *Disziplin* soll heißen die Chance, kraft eingeübter Einstellung für einen Befehl prompten, automatischen und schematischen Gehorsam bei einer angebbaren Vielheit von Menschen zu finden." Diese Abstufungen zwischen Macht, Herrschaft und Disziplin bilden für Max Weber einen Möglichkeitsrahmen. Er will Realität durch praktische Handlungprozesse verwirklichen. Formen der Herrschaft sind für Weber Schlüsselkategorien zur Erklärung gesellschaftlicher Strukturen in Fällen von Konfliktlösungen, der Zusammenarbeit und für Entschei-

© Springer Fachmedien Wiesbaden 2015

M. Rühl, *Organisationskommunikation von Max Weber zu Niklas Luhmann*,
essentials, DOI 10.1007/978-3-658-08924-5_3

dungen des sozialen Wandels. *Herrschaft* wird von Max Weber wiederum dreifach unterschieden:

1. *Traditionelle Herrschaft* [traditional authority] beruht nach Max Weber (1985, S. 130 ff.) auf dem Alltagsglauben an die Heiligkeit von jeher geltender Traditionen und der Legitimität der zur Autorität Berufenen. Vor allem in Monarchien würden beide, Herrschende und Untertanen, daran glauben, dass in der Vergangenheit durch Gott (oder durch Götter) bestimmten Personen (oder Geschlechtern) Handlungsvorrechte eingeräumt wurden, verbunden mit einer Art Heiligkeit. Dazu ein Beispiel aus Webers Zeiten, wo eine kaiserliche Botschaft so beginnt: „Wir, Wilhelm II., von Gottes Gnaden Deutscher Kaiser, König von Preußen etc., thun kund und fügen hiermit zu wissen …" Traditionelle Herrschaft konnte Max Weber in Bürokratien allerdings nicht vorfinden.
2. *Charismatische Herrschaft* [charismatic authority] meint bei Max Weber (1985, S. 140 ff.) außeralltägliche Hingabe an Heiligkeit, Heldenkraft oder persönliche Vorbilder, geschaffen durch offenbarende Ordnungen. Der Begriff Charisma wird auf selbsternannte Führerpersönlichkeiten angewandt, die versprechen, die Menschen aus Notlagen herauszuführen und denen seitens des Volkes besondere Gnadenerweise zugeschrieben werden. Beispiele für charismatische Führertypen sind wundertätige Propheten, militärische Helden, auch politische Führer mit fantastischen (Wahl-) Siegen. Webers Charismabegriff soll bewertungsfrei sein. Menschen folgen diesen Führern, so Weber, aufgrund eines ritualisierten und organisierten Glaubens an ihre individuellen Qualitäten, weshalb ihm auch Christus oder Napoleon als Beispiele dienen. Auch charismatische Herrschaft vermag Max Weber in Bürokratien nicht zu beobachten.
3. *Legale Herrschaft* [rational-legal authority] beruht nach Max Weber (1985, S. 124 ff.) auf dem Glauben an die Legalität gesatzter Ordnungen und an das Anweisungsrecht der sie Ausübenden. Vernunft und Recht sind für rational-legale Autorität die höchsten Werte. Wissenschaft und Recht treten hier an die Stelle von Glauben und Moral. Beide sind für Weber in Welt und Gesellschaft die Bezugseinheiten für Wahrheits- und Rechtsfindung. Wird Recht gesprochen, dann „im Namen des Volkes". Wissenschaft und Recht sollen der Bürokratie zugrunde liegen, was wiederum eine zunehmende Rationalisierung des Lebens befürchten lässt. Der Begriff *legale Herrschaft* wurde grundlegend für Max Webers Bürokratietheorie.

In der Theoriegeschichte wird Max Webers Gesamtwerk als *unabgeschlossene Soziologie des verstehenden Handelns* bezeichnet. Der Begriff *Handeln* steht bei Max Weber für individuelles Tun, Dulden oder Unterlassen, das *sozial* werden kann, wenn Handeln auf andere Akteure ausgerichtet ist. Von *verstehendem Handeln* spricht Max Weber (1985, S. 126 f., 551 ff.), wenn subjektive Sinnvorstellungen eng zusammenhängen mit geschichtlichen Prozessen der Rationalisierung, im Falle der Bürokratie als Idealtypus. Mit Idealtypus meint Max Weber weder einen Menschen, der nach idealen Gesichtspunkten denkt und handelt, noch meint er Gutes oder Nobles im Sinne eines Ideals. Ein *Idealtypus* ist für Max Weber (1991, S. 73 f.) ein Gedankengebilde aus wenigen, einseitig gesteigerten Gesichtspunkten. Der Idealtypus ist „nirgends in der Wirklichkeit empirisch vorfindbar". Deshalb wachse der historischen Arbeit die Aufgabe zu, „in jedem einzelnen Falle festzustellen, wie nah oder wie fern die Wirklichkeit jenem Idealbild steht". Wird der Mensch als *Homo oeconomicus* idealtypisiert, der nach größtmöglichem Nutzen (Nutzenmaximierung) strebt, dann sind für ihn keine empirisch prüfbaren Annäherungen auszumachen, vergleichbar mit dem Idealtypus *Gatekeeper* in der Journalismusforschung (White 1950; Rühl 2008b).

*Sinn* entsteht bei Max Weber (1985, S. 1 ff.) nicht durch Schöpferfiguren, auch nicht durch Nutzer sinnmachender Symbole, eher durch Bearbeiter und Verarbeiter symbolisch bewahrten Sinns. Weber denkt Sozialwissenschaften als Erfahrungswissenschaften, und er hält es für die Aufgabe erfahrungswissenschaftlicher Forschung, subjektiven Sinn verstehenden Handelns durch eindeutig vermittelbare Erkenntnis- und Werturteile auszudrücken. Sinn (aus der Vergangenheit) wird in sozialen Situationen als überindividuelle Erkenntnis- und Wertvorstellung vorausgesetzt, wo er für soziales Handeln konstitutive Bedeutung hat. Ob Sinn auf den Ebenen sozialer Komplexität kapitalistischer Wirtschaft und rationaler Herrschaftslegitimation bürokratischer Verwaltungen zu verwirklichen ist, bleibt im unvollendeten Werk Max Webers offen. Das empirisch-pragmatische Handeln soll gegensätzliches, nämlich zweckrationales, wertrationales, affektuelles und traditionelles Handeln markieren – in absteigender Sinnhaftigkeit (Weber 1985, S. 12 f.).

Wenn Max Weber zwischen Stadtwirtschaft, Handwerk, Bürokratie oder Pressewirtschaft (Weischenberg 2012) unterscheidet, dann werden damit vergangene, gegenwärtige oder künftige soziale Handlungen problematisiert, in Religionssoziologie (Weber 1963), Sozialökonomie (Weber 1985) und Sozial- und Wirtschaftsgeschichte (Weber 1924a). Umgangssprachlich wird Bürokratie oft für belastend [„unnecessary red tape"] oder für ein Synonym von Ineffizienz gehalten. Bürokratie ist für Max Weber ein Idealtypus legaler und rationaler Herrschaft, mit Merkmalen des formalen Rechts, der Verwaltung, personaler Begrifflichkeit, professionalisierter Mitarbeit eines geregelten beruflichen Werdegangs, als Laufbahn oder als erwerbsberufliches Anreizsystem. Bürokratie ist ein organisatorisches Konzept, das durch Arbeitsteilung, Amtshierarchie, Dienst- und Fachaufsicht, und dem Prinzip der Aktenmäßigkeit Regeln schriftlich fixiert (Formulare, Erlasse, Protokolle) als Vorgaben für die Erfüllung von Aufgaben.

In Max Webers Bürokratiemodell verschmilzt rational-verstehendes Handeln mit empirisch-erklärendem Handeln. Dieser Vorgang gelingt nur definitorisch, ist analytisch nicht prüfbar. Für empirische Sachverhalte und Sozialverhältnisse ist Max Webers idealtypische Methode des Erklärens zu eng und zu inhaltsarm (Rühl 2008a, S. 83 ff.). Vernunftrationalität und Emotionalität Einzelner sind außerstande, heutige Organisationsverhältnisse zu erfassen. Zweck/Mittel-Schemata und Befehlsautorität eignen sich möglicherweise für komplexe Sozialbeziehungen im kaiserlichen Deutschland (Seeling 1996). Für die Bürokratie als Idealtypus sind Realitäten unbekannt. Es gibt keine sozialwissenschaftlich überprüfbaren Modelle für diesen Idealtypus. Ist anstelle des Idealtypus von einem *Realtypus* die Rede, beispielsweise vom „typischen Manager", dann bleiben viele Bestimmungsmöglichkeiten offen. Wer weiss denn schon, was der andere meint, wenn der von einem „typischen Manager" spricht?

## 3.2 Mary Parker Follett

Das schmale, keineswegs dünne Werk von Mary Parker Follett (1868–1933) „is not well known and captures subtleties that most people, including myself, often miss" (Weick 1995, S. 32). Die Amerikanerin hatte Ökonomik, Recht, Regierungslehre [government] und Philosophie in Einrichtungen studiert, die noch während ihrer Studienzeit dem Radcliffe College und somit der Harvard University zugeordnet wurden. Am Radcliffe College, einer Erweiterungsgründung der Harvard University, wurde Follett 1898 mit einem Bachelor of Arts Degree „summa cum laude" ausgezeichnet. Dennoch wurde der Frau als Frau von der Harvard University die Zulassung zum Promotionsstudium verweigert. Noch vor der Graduierung veröffentlichte Mary Parker Follett die empirische Studie *The Speaker of the House of Representatives* (1896), für die sie frühere Amtsinhaber interviewte. Follett bekam, ungeachtet ihrer Leistungen in Wissenschaft und Politik, zeitlebens keine Dauerstelle an einer Hochschule. Ab 1900 wird Follett als freie Sozialarbeiterin [voluntary social worker] tätig. Sie setzt sich ein für die Abendschul-Bewegung und wird Vorsitzende des *Women's Municipal League Committee on Extended Use of School Buildings*. Follett gründet und betreut in ihrer Heimatstadt Boston mehrere *Social Centers*, das waren Orientierungseinrichtungen für arbeitslose Jugendliche. Sie wird Vizepräsidentin der *National Community Center Association* und gehört als unabhängiges Mitglied dem *Statuatory Wage Board* an, um mitzuhelfen, dass ab 1912 im Staat Massachusetts gesetzliche Mindestlöhne zu bezahlen waren. Follett lernt Deutsch und Französisch, reist nach Europa, studiert und lehrt zeitweise an der London School of Economics und an der Oxford University. 1928 wird Follett Gutachterin für die Internationale Arbeitsorganisation des Völkerbunds in Genf.

Nach ihrer Parlamentsstudie (1896) dauerte es mehr als zwei Jahrzehnte, bis Follett ihr nächstes Buch veröffentlichen konnte. *The New State* (1918) ist dem Themenfeld „Kommune, Demokratie, Regierung“ gewidmet. Es folgte *Creative Experience,* ein Buch über Gruppenkooperationen, in dem Follett (1924, S. XI f.) befindet: „Above all, we should remember that good intentions are not sufficient to solve our problems“, und sie geht davon aus: „The time is ripe for empirical studies of human relations, social situations“. Für Follett ist *power* das zentrale Problem sozialer Beziehungen. Sie beobachtet Organisationen umweltoffen mithilfe eines „total situation approach“, und sie entwirft eine *Selbstorganisationstheorie,* die demokratische Gesellschaftsverhältnisse voraussetzt. Die universitär ungebundene Wissenschaftlerin [independent scholar] war akademisch gut vernetzt. Sie interessierte sich besonders für die Erforschung von Voraussetzungen für eine Organisationstheorie. Follett definierte Organisationen als soziale Einheiten, für deren Analyse sie zwei Grundgedanken formuliert: 1) Was sollen Menschen in Organisationen tun? und 2) Wie lassen sich Organisationen als soziale Beziehungen wissenschaftlich testen? Folletts besonderes Augenmerk gilt dem Verhalten Einzelner in sozialen Gruppen innerhalb von Betrieben. „Consider this matter of control in some of our best-managed industries. We notice two points: 1) control is coming more and more to mean fact-control rather than man-control; 2) central control is coming more and more to mean the correlation of many controls rather than a superimposed control“ (Follett 2013, S. 295).

Tayloristischen Vorstellungen vom mechanizistischen Verhalten in Organisationen begegnet Mary Parker Follett (1918) mit einem *Partnerschaftsdenken.* Partnerschaft sei besser geeignet für die Integration der Organisation durch Kommunikation. Unter Anpassung versteht Follett situative Anpassung von Personen an andere und Anpassung aller an situative Umwelten. Organisationsmanager sollen Mitarbeitern ermöglichen, aus eigenem Antrieb zu kooperieren. Auf der Ebene der Kleingruppe deutet Follett die Kommunikation von Angesicht zu Angesicht als zirkuläres Wechselspiel des Gebens und Nehmens, mit Rückkopplung [feedback] – „turning managers into leaders“. In Folletts Aufsatz von 1925: *The Giving of Orders* (2013, S. 50 ff.) werden Anweisungen als Probleme organisatorischer Kommunikation bestimmt. Für Follett war der Antagonismus zwischen Arbeitern und Managern nicht wegzuargumentieren, auch nicht durch gutes Zureden. Sie sah Lösungsmöglichkeiten im „Wie“ des Anweisens, denn die meisten organisatorischen Schwierigkeiten würden verursacht werden „by the manners in which orders are given“ (Follett 2013, S. 57). Vorrangig war für Follett die organisatorische Kooperation von Management und Mitarbeitern in Organisationen demokratischer Gesellschaften aus internen Antrieben. Befehle aus Herrschaftspositionen [top-down] könnten Mitarbeiter daran hindern, persönlich Verantwortung zu übernehmen. Die Hierarchie als überlieferte Vorstellung von Über-/Unter-Ordnung in

Organisationen sollten durch Gruppenprozesse mit potentieller Selbstverwaltung ersetzt werden.

Für Mary Parker Follett besteht Management aus den Beziehungen zwischen Managern und Arbeitern. Die Vorstellung von einer „letztendlichen" [final] Verantwortung hält Follett (2013, S. 146) für eine Illusion. Anweisungen sind notwendig, aber sie sollten die Form des Startbefehls annehmen: Auf die Plätze, fertig, los! Dieses Kommando sei allen vertraut, einschließlich der daraus resultierenden Folgen. Organisationen als dynamische, sich selbst entwickelnde Einheiten, sollen verstanden werden als Kooperationen mit Konfliktkontrolle durch die Beteiligten selbst. Deutete die Betriebswirtschaftslehre vordem Management als formelles Planen und Kontrollieren, dann dachte Mary Parker Follett bei Management an das Geschäft von Morgen, an das Organisieren von Beziehungen, die auf veränderte Bedarfe ausgerichtet sind. Zu Follets Hauptanliegen wird geschrieben: „She wanted a better ordered society in which the individual could live a fuller and more satisfactory life." (Metcalf und Urwick 2013, S. 14). Max Webers *Bürokratieforschung* und Mary Parker Folletts *Selbstorganisationstheorie* könnten als die ersten Gelehrtentexte der Organisationswissenschaften gelten (Walter-Busch 1996, S. 191) – auch als klassische Texte der Organisationskommunikation.

## 3.3 Chester I. Barnard

Chester Irving Barnard (1886–1961) macht seine Managerkarriere in Organisationsformen der *American Telephone and Telegraph Company* (*AT&T*). Wechselwirksam mit Beruf und Erwerbsarbeit qualifiziert sich Barnard als sozialwissenschaftlicher Organisations- und Managementforscher. Die Organisation denkt Barnard bevorzugt system- und entscheidungstheoretisch als Kooperationssystem mit Kommunikation an zentraler Stelle.

Aufgewachsen in bescheidenen ländlichen Verhältnissen war Barnard bereits mit zwölf Jahren auf sich selbst gestellt. Ein umfangreiches Jobben ermöglichte ihm die Finanzierung eines Bachelor-Studiums am Harvard College mit dem Hauptfach Ökonomik [economics]. Die Absicht, das Bachelor-Studium in drei statt der vorgesehenen vier Studienjahre zu absolvieren, misslang. Bei der Endabrechnung fehlten wenige Credit Points. Barnard verlässt das Harvard College ohne akademischen Abschluss. Der Dreiundzwanzigjährige tritt in die AT&T ein, sechsunddreißigjährig gelingt ihm der Aufstieg ins mittlere Management, und im Alter von 41 Jahren wird Chester I. Barnard Präsident der *New Jersey Bell Telephone Company*, einer Tochtergesellschaft von AT&T. Nach seiner Pensionierung übernimmt Barnard von 1948 bis 1952 die Position des Präsidenten der *Rockefeller*

*Foundation* und von 1952 bis 1954 ist er Präsident der *National Science Foundation*. Über zwei Jahrzehnte korrespondiert Chester I. Barnard mit dem Harvard-Soziologen Talcott Parsons, und Barnards Beziehungen zur Harvard Graduate School of Business Administration nannte man „Barnard's Harvard Circle". Im Jahr 1939 ernennt ihn die *American Academy of Arts and Sciences* zum *Fellow*. Barnard schreibt das Vorwort zu Herbert A. Simons Dissertation *Administrative Behavior* (1947). Er wird eines der ersten Mitglieder der *Society for General Systems* und war Gründer der *Bach Society of New Jersey*.

Am Anfang seiner wissenschaftlichen Karriere durchforstet Chester I. Barnard breit und intensiv die sozialwissenschaftliche Literatur nach unterschiedlichen Verständnissen von Handlung [action]. Er stößt vor allem auf physisches und physiologisches Zweckhandeln, das er zunächst in individuelles und organisatorisches Handeln unterteilt und von Kommunikation, Interaktion und Kontakten unterscheidet. „Social processes are those in which the action is a part of the system of actions of two or more men. Its most common form is verbal communication" (Barnard 1970, S. 20). In seinem Erfolgsbuch *The Functions of the Executive* – „a revision and expansion of the manuscript prepared for eight lectures at Lowell Institute in Boston in November and December 1937" – wird Organisation als „system of consciously co-ordinated activities of forces of two or more persons" beschrieben (Barnard 1970, S. XXVII). Zum Entstehen einer Organisation schreibt Barnard (1970, S. 82): „An organization comes into being when 1) there are persons able to communicate with each other 2) who are willing to contribute action 3) to accomplish a common purpose. The elements of an organization are therefore 1) communication; 2) willingness to serve; and 3) common purpose. These elements are necessary and sufficient conditions initially, and they are found in all such organizations." Barnard macht Unterschiede zwischen formellen und informellen Organisationen: „In any concrete situation in which there is cooperation, several different systems will be components. Some of these will be physical, some biological, some psychological, etc., but the element common to all which binds all these other systems into the total concrete cooperative situation is that of organization as defined [...] Formal organizations arise out of and are necessary to informal organization; but when formal organizations come into operation; they create and require informal organizations [...] By informal organizations I mean the aggregate of the personal contacts and interactions and the associated groupings of people that I have just described" (Barnard 1970, S. 115, 120).

Nach Barnard werden Organisationen – mit Ausnahme der römisch-katholischen Kirche – selten älter als einhundert Jahre. Organisationen überleben, wenn sie erfolgreich [effective] sind, orientiert an selbstgesetzten Zielen. Leistungsfähiger [more efficient] werden Organisationen durch zufriedene Mitarbeiter. Barnard

(1970, S. 4) beobachtet Organisationen von außen und erkennt, dass niemand als Teil in einer Organisation aufgeht. Vielmehr werden Menschen die Teilnehmer vielerlei Organisationen. „Probably few persons belong to less than five or ten such organizations, and many belong to fifty or more." Organisationen kommunizieren eigenständig in Abgrenzung zu sozio-kulturellen Umwelten (Barnard 1970, S. 188, 194 ff.). Barnard interessieren grundlagentheoretische Probleme wie: „Organisationen als Systeme aus Gedanken und Vorstellungskraft", oder „die energetische Bewirtschaftung von Organisationen", oder „Organisationen als Elemente ihrer Umwelt", oder „die Bedeutung der Zeit in Organisationen". Personen können ihre Entschlusskraft und ihren freien Willen in Organisationen einbringen. Zu berücksichtigen sei, dass Menschen über beschränkte biologische Fähigkeiten und Kapazitäten verfügen würden (Barnard 1970, S. 23), weshalb die Zusammenarbeit in Organisationen die Möglichkeiten Einzelner in jedem Fall begrenzen.

Interne Kommunikation könne den organisatorischen Zusammenhalt verbessern und die Integrität des Einzelnen schützen. Barnards (1970, S. 13). Vorstellungen vom „freien Willen" verweisen auf Moral und Recht, die jedermanns Eigenverantwortung bestärken würden. Die Herrschaft des Managements wird, nach Barnard, durch funktionelle Fertigkeiten erworben, nicht durch die Übernahme höherer Positionen in der Hierarchie. Barnard (1970, S. 188 ff.) unterscheidet individuelle von organisatorischen Entscheidungen. „Thus central or general organization decisions are best made at centers of the communication system of the organization, so that such decisions must be assigned to those located at these central positions." Barnard warnt vor sogenannten Chef-Entscheidungen: „You put a man in charge of an organization and your worst difficulty is that he thinks he has to tell everybody what to do; and that's almost fatal if it's carried far enough." Barnard ist der Auffassung, Manager gewinnen Autorität allein durch respektvollen Umgang mit Untergebenen.

Mitgliedschaft und Einsatz für Organisationsziele bedeuten für alle Selbstbeschränkung und Hintanstellen persönlicher Interessen. In den informellen Organisationen beobachtet Barnard (1970, 121) die Bildung von Seilschaften, die erkennbar werden würden durch das Stellen von Fragen wie: „Who's who, what's what, why's why". Wird die organisatorische Integrität Einzelner verbessert, dann „as a means of maintaining the personality of the individual against certain effects of formal organizations which tend to disintegrate the personality" (Barnard 1970, S. 122). Vom Management erwartet Barnard (1970, S. 165 ff.), zu überzeugen, nicht nur zu befehlen. Mitarbeiter würden verstehbare Anweisungen akzeptieren, soweit sie organisatorischen Zwecksetzungen nicht widersprächen und persönlichen Interessen entsprächen. „Either as a superior officer or as a subordinate, however, I know nothing that I actually regard as more ‚real' than ‚authority'"

(Barnard 1970, p. 70). Vorgesetzte sollten über *dynamische Qualitäten* verfügen, über einen freien Entscheidungswillen, über Autorität, Bereitschaft zur Kooperation, Kommunikation und Verantwortung. Für die Organisationskommunikation ermittelt Barnard (1970, S. 175 ff.) sieben Regeln: 1) Alle Kommunikationskanäle sollen definitiv bekannt sein; 2) sachgerechte Herrschaft setzt gesicherte Kommunikationsbeziehungen voraus; 3) Kommunikationsverbindungen müssen kurz sein und direkt vollzogen werden; 4) Kommunikationsverbindungen sollen umfassend genutzt werden; 5) die Kompetenzen der Vermittler und Aufsichtskräfte müssten dem jeweiligen Bereich angemessen sein; 6) die Kommunikationskanäle müssten während der Arbeitszeit offen bleiben; 7) jede Kommunikation muss authentifizierbar sein.

Nach Barnard (1948, S. 15) hängen Effizienz und Wirksamkeit von Organisationen ab von materiellen und immateriellen Anreizen. Als Ansporn gelten Geld und weitere materielle Anreize, auch Prestigegewinne, Führungsmöglichkeiten, Wettbewerbschancen, Freundlichkeit und dergleichen mehr. Manager sollen die Mitarbeiter sorgsam auswählen, sie sollen ihnen klar formulierte Aufgaben vorgeben und ein Mitspracherecht einräumen. Organisationsziele müssten mit Empathie für alternative Entscheidungen ausgestattet sein (Barnard 1948, S. 109 f.). Management werde nicht nur in der Wirtschaft, vielmehr auch in Kunst und Wissenschaft gebraucht.

Oliver Williamson (1985, S. 6).) charaktersiert Barnards *kooperative Systeme* so: „1) Organization form – that is, formal organization matters; 2) informal organization has both instrumental and humanizing purposes; 3) bounds on rationality are acknowledged; 4) adaptive, sequential decision-making is vital to organizational effectiveness; and 5) tacit knowledge is important." Chester I. Barnards Werk ist, wie das von Mary Parker Follett, von der Organisationskommunikationsforschung noch zu entdecken.

## 3.4 Herbert A. Simon

Herbert Alexander Simon (1916–2001) studierte Politik-, Wirtschafts- und Verwaltungswissenschaft, von Anbeginn computerwissenschaftlich. In seiner Dissertation *Administrative Behavior* (1945) greift Simon Probleme auf, die Chester I. Barnard in *The Functions of the Executive* (1938) angestoßen hatte. Beide unterscheiden individuelle und organisatorische Handlungs- und Entscheidungsprozesse. Simon konstatiert für Menschen eine *eingeschränkte Rationalität* [*bounded rationality*]. Die zur Entscheidungsfindung verfügbaren Informationen sind den kognitiven Grenzen Einzelner unterworfen (Simon 1981, S. 30). Menschen wählen keine „maximalen“ oder „optimalen“, sondern „zufriedenstellende“ [„satisficing“] Entscheidungen. Optimalität wäre gegeben, 1) läge eine bestimmte Auswahl vergleichbarer Alternativen vor, sodass 2) die Beste ausgewählt werden könnte (March und Simon 1958). Die These von der *bounded rationality* der Menschheit gehört zu Herbert A. Simons theoretischen Leistungen, für die er 1978 mit dem Wirtschaftsnobelpreis ausgezeichnet wurde.

Vor einem halben Jahrhundert war die Betriebswirtschaftslehre auf formelle Planung, Entscheidung und Kontrolle von Produktion und Absatz eingeengt, unter Kosten-, Gewinn- und Umatzgesichtspunkten. Ein verhaltenstheoretisches Engagement betriebswirtschaftlicher Forschung gab es in Ansätzen (Schanz 1979). In seinen organisatorischen Forschungen versuchte Simon soziale Bedingungen und Fragestellungen aufzuspüren, einschließlich persönlicher Vorstellungen und Interessen der Mitarbeiter. Kein Mensch würde rein logisch-abstrakt entscheiden. Auch ein „manager as decision maker“ würde nie rein zweck/mittel-rational entscheiden. Einzusehen sei, dass Organisationen aus Koalitionen bestehen die, neben monetären Entgelten, persönliche und soziale Sicherheit, Anerkennung und Möglichkeiten des organisatorischen Aufstiegs erwarten würden.

Organisationen beschreibt Herbert A. Simon als Entscheidungs- und Verhandlungsgeflechte, in denen Mitglieder andere beeinflussen und dies von anderen auch erwarten würden. Soziale Beziehungen beschränken den Spielraum subjektiver Erwartungen. Potentiell könnte jedes Organisationsmitglied versuchen, bei Verhandlungen persönliche Zielvorstellungen durchzusetzen. Interne Organisationskonflikte werden durch Anforderungen aus der sich ständig verändernden Umwelt beeinflusst. Insofern stünde das Überleben von Organisationen immer wieder infrage. Simon kennt in Organisationen sowohl programmierte als auch nicht-programmierte Entscheidungen. Man könnte sie disziplinär nicht festlegen, zumal immer wieder neue Wissenschaftsdomänen herausfordern. Das waren für Simon selbst: „*artificial intelligence*“, „*information processing*“, „*decision-making*“, „*problem-solving*“, „*attention economics*“, „*organization theory*“, „*complex systems theory*“ und „*computer simulation*“. Simon hält am Individuum als Bezugseinheit fest und stellt es der Organisation gegenüber, als abgemilderten Idealtypus, den er „homo organisans“ nennt.

Kommunikationen in Organisationen entstehen für Herbert A. Simon unter Anschlussbedingungen, nicht ad hoc. Jede Kommunikation trifft auf Prämissen und Strukturen, auf figurative Metaphern, auf Grammatik und Rechtschreibung. Kommunikation in Organisationen ist für Simon (1981, S. 179) ein formal definierter Prozess, durch den Entscheidungsprämissen von einem zum anderen Organisationsmitglied übermittelt werden können. Es sei notwendig, Kommunikation von *Persuasion* (Überzeugung, Überredung) und von *Bekenntnis* zu unterscheiden.

Simon spürt Einflüssen nach, die von der gesellschaftlichen Umwelt auf Individuen ausgehen. Er beobachtet, dass erwerbstätige Erwachsene zunehmend Zeit in Organisationen verbringen, auch Kinder die bereits schulorganisatorisch sozialisiert werden.

Seit den 1960er Jahren, also noch bevor der Tischcomputer (ab 1972) auf den Markt kam, untersucht Herbert A. Simon Wechselbeziehungen zwischen elektronischer Datenverarbeitung und sozialen Organisationsproblemen. Er prognostiziert, dass die Informatik interne und externe Organisationsbeziehungen durchsichtiger machen könne, ohne Grundstrukturen der Organisation als Sozialsystem entscheidend zu verändern. Simon vermutet, dass die *Hierarchisierung* der Organisationen, trotz zunehmender Ausdifferenzierung, nicht obsolet wird. Möglichkeiten der *Heterarchisierung* als sachlich, zeitlich und sozial unterschiedliche Vernetzungen knapper Kommunikationen (Baecker 2006, S. 127 f.), werden von ihm noch nicht angesprochen. Simons Umgang mit psychoanalytischen Vorgehensweisen in der Politikwissenschaft verweisen auf sein Schülerverhältnis zu Harold D. Lasswell in Chicago (Rühl 2008a, S. 47). Der philosophisch und mathematisch ausgebildete Simon suchte seine Erkenntnishilfen dennoch vorwiegend bei Vertretern positivistischer Positionen. Für eine Mathematisierung der Kommunikation, insbesondere von Organisationskommunikation, war Simon nicht zu gewinnen. Denn, so sein Argument: menschliche Kommunikation kann nie exakt, perfektionistisch und substantiell analysiert werden.

## 3.5 Niklas Luhmann

Der Soziologe Niklas Luhmann (1927–1998) bekennt: „Mein Hauptziel als Wissenschaftler ist die Verbesserung der soziologischen Beschreibung der Gesellschaft und nicht die Verbesserung der Gesellschaft" (Luhmann 1996a, S. 169). Damit verbindet Luhmann (2000, S. 62, H. i. O.) die These, dass „alle sozialen Systeme, also auch Organisationen, aus Kommunikationen *und nur aus Kommunikationen* bestehen". Luhmann (1995, S. 113) beobachtet Psychologie und Soziologie als zwei fachverschiedene Bereiche mit einem nicht mehr integrierbaren Wissen über (psychische) Bewusstseinssysteme bzw. über (soziale) Kommunikationssysteme – mit je unterschiedlichen Umwelten. Eine Theoriebildung über Organisationen kommt nur als Organisation/Gesellschafts-Einheit zustande. Werden in Lehrbüchern die Begriffe Handeln oder Verhalten wie geschichts- und theoriefreie Begriffe verwendet, dann scheinen Substantivierungen wie „Akteur", „User" oder „Subjekt" Selbstverständlichkeiten zu sein. Handeln und Verhalten sind mit Kommunikation nicht zu vermaschen. Das Individuum kann sich verhalten, es kann sich kratzen, wenn es juckt, und es kann handeln, es kann gehen, kann sich setzen oder weitergehen. Kommunikation dagegen setzt mindestens zwei voraus, die durch Kommunizieren ein Kommunikationssystem bilden. Menschen partizipieren an organisatorischen Kommunikationssystemen durch soziale Rollen, unter Mitwirkung externer Bewusstseinssysteme und Lebenssysteme (Rühl 2008a).

Niklas Luhmann (1964) differenziert Organisation von Gesellschaft mit der Erkenntnishilfe der System/Umwelt-Theorie. Als der Jurist und Verwaltungswissenschaftler Luhmann (1966, S. 26 f., H. i. O.) in die Organisationsforschung eintritt, beobachtet er aus den theoretischen Perspektiven Max Webers. Dessen Bürokratieforschung sieht Luhmann eingebettet in eine „*verstehende* (auf den vom Handelnden gemeinten Sinn des Handelns aufbauende) Handlungswissenschaft". Statt irgendwelche Mutmaßungen über individuell vornormierte Organisationen anzustellen, beabsichtigt Luhmann erkenntnistheoretisch die Spaltung zwischen Rationalwissenschaft und empirischer Wissenschaft zu erklären. Max Weber (1924b) hatte maßgeblich beigetragen zur empirischen Organisationsforschung, nicht zuletzt mit der geplanten, wenn auch nicht realisierten „Presse-Enquête" (Weischenberg 2012, S. 78 ff.). Im nationalsozialistischen Deutschland gab es keine wissenschaftsfähige Organisations- oder Kommunikationsforschung. In den 1940er Jahren entdeckten US-amerikanische Organisationssoziologen das Werk Max Webers. „The famous German sociologist, writing in the early decades of this century, laid out the model of bureaucracy and described and explained its origines" (Perrow 1979, S. 3, Anm. 4).

An der Rekonstruktion der Organisationsforschung in Deutschland nach dem Zweiten Weltkrieg waren Betriebswirtschaftslehre (Kosiol 1959), Industrie- und Betriebssoziologie (Dahrendorf 1959), Organisationssoziologie (Mayntz 1963), Verwaltungswissenschaft (Dammann et al. 1994), und die junge Kommunikationswissenschaft (Rühl 2008a, 2015, S. 15 ff.) beteiligt. Gleichzeitig schwappte eine Flut theoretisch unzusammenhängender Kommunikationsbegriffe mit verwirrenden Titeln aus Amerika herüber: Human communication, mass communication, media communication, animal communication, cell communication, personal, intra-personal, oral and literal communication, communicative behavior, communicative action, speech act theory, communication audit, conversation, persuasion, newsgathering, fabrication of news, body language, sign language, information theory, symbol theory, organized social action, corporate identity, communication with a distant planet, content analysis, und vieles mehr.

In den 1960er Jahren profilierte sich eine handlungssoziologische Organisationsforschung. Aus deutschen und amerikanischen Traditionen wird die Organisation als Handlungssystem „innerhalb eines umfassenden sozialen Systems" konzipiert (Mayntz 1968, S. 41; Dygutsch-Lorenz 1971). Intern werden eine „formale" und eine „informale“ Organisation kontrastiert (Rühl 1969, S. 151 ff.). „Es war […] vor allem die empirische Sozialforschung, die eine Differenzierung der Organisation nach a) einer zweckrationalen, geplanten, arbeitsteiligen, bündig festgelegten ‚formalen‘ und b) nach einer irrationalen, spontan entstehenden, von ‚emotionaler Logik‘ gesteuerten ‚informalen‘ Organisation scheitern ließ“ (Rühl 1980, S. 71). Die Teilung formal/informal bzw. formell/informell wird bald aufgegeben, zugunsten einer übergreifenden allgemeinen Organisationssoziologie (Mayntz 1978). Niklas Luhmann und Renate Mayntz (1973) beteiligen sich an einem umfangreichen Forschungsprojekt, mit dem das Personal der Ministerialverwaltung im Hinblick auf „Anreizwirkungen“ empirisch getestet werden soll. Beide Autoren hatten nicht vorgesehen, die Ergebnisse für die Politikberatung im Sinne von Rezeptwissen für besseres Entscheidungsmanagement einzusetzen. Beide Forscher wollten Reflexionsanstöße finden für die Erforschung inkongruenter Perspektiven, alternativ zu den bisher vertrauten Kommunikationsproblemen.

Niklas Luhmann (1997, S. 150) definierte Organisationen disziplinenübergreifend als ein „Sich-ereignen von Welt in der Kommunikation“. Damit war eine Idee, die Kommunikation als Übertragung von Informationen von einer Person oder Gruppe auf andere obsolet geworden. Auch menschliche Körperlichkeiten konnten nicht zu kommunizierenden Sozialsystemen gehören. Dies illustrierte Luhmann (2004, S. 255) in einer Vorlesung so: „Renate Mayntz hat in einer Bemerkung, die häufiger zitiert wird, einmal gesagt, die Systemtheorie sei, wenn sie von Handlungen abstrahiere, wie eine Dame ohne Unterleib. In Wirklichkeit ist es noch schlimmer, denn die Dame hat auch keinen Oberleib. Sie hat überhaupt keinen Leib, und der ganze Leib ist überhaupt nicht Teil des sozialen Systems.“ Stattdessen soll gelten: „Jeder soziale Kontakt wird als System begriffen bis hin zur Gesellschaft als Gesamtheit der Berücksichtigungen aller möglichen Kontakte“ (Luhmann 1984, S. 33). Organisationen operieren als Kommunikationssysteme in und mit gesellschaftlichen Umwelten. Die System/Umwelt-Theorie ist die Erkenntnishilfe, die Organisationen in und mit der Gesellschaft als *operative Geschlossenheit* bilden, die wiederum Voraussetzung sind für die Beobachtung weiterer Operationen. Eine Organisation entsteht als Kommunikationssystem, wenn sich Kommunikation aus Kommunikation entwickelt. Organisationskommunikation reproduziert sich als elementare Operationsweise durch Selektionen der Kommunikationselemente Sinn, Thema, Information, Mitteilung, Gedächtnis und Verstehen, die, aufeinander bezogen, Kommunikation systemisch rekonstruieren.

Kommunikation muss immer *Sinn* voraussetzen. Der wird gebraucht, damit Kommunikation als organisatorische Operation anlaufen kann. „Sinn ist demnach ein *Produkt* der Operationen, die Sinn benutzen, und nicht etwa eine Weltqualität, die sich einer Schöpfung, einer Stiftung, einem Ursprung verdankt“ (Luhmann

1997, S. 44, H. i. O.). In organisierte soziale Systeme sind keine übervereinfachten Kommunikationsmodelle einzubauen, die vorstellen, Kommunikation stünde bloß für Transporte von Informationen, Mitteilungen, Nachrichten oder dergleichen. Wie komplex auch immer, Kommunikationssysteme (re-) produzieren Kommunikationen, die gelingen können, wenn die genannten Elemente zusammenwirken. Dabei operiert *Sinn* für das Gemeinte, das so oder so schon Gewusste; *Information* bezeichnet ausgewähltes Neues, Überraschendes; *Thema* grenzt Sinnmachendes ein und Nicht-Dazugehöriges aus; *Mitteilung* fungiert als Anreger für Anschlusskommunikation; *Gedächtnis* „kontrolliert, von welcher Realität aus das System in die Zukunft blickt" (Luhmann 1997, S. 581); *Verstehen* ist das Moment des Zustandekommens der Kommunikationselemente.

Humankommunikation lässt sich verbal und nonverbal, oral und literal ausdrücken, symbolisiert durch das Zusammenwirken der Modi Wort, Text, Gebärde, Bild, Film oder Musik. Organisation ereignet sich in Kommunikationen durch vereinfachende Technisierungen programmierter Entscheidungsprogramme. Das Zusammenwirken der genannten Kommunikationselemente ist in jedem Kommunikationsfall vorauszusetzen, unabhängig davon, ob alltägliche, wissenschaftliche, ästhetische, therapeutische oder noch andere Kommunikationsleistungen angestrebt werden. Dreh- und Angelpunkt menschlicher Kommunikation ist der Modus *Sprache*, der mehrgestaltig erworben, erlebt und manifestiert werden kann, unterschieden durch Bild und Schrift, genauer: handschriftlich (skriptographisch), druckschriftlich (typographisch), mit verkürzten Schriftzeichen (stenographisch), oder bildschirmschriftlich (elektronographisch). In Sprachen ist ein reflexiver Selbstbezug eingebaut, der es ermöglicht, mit Sprache über Sprache zu sprechen, und Sprache als Kommunikationsmodus zur Kommunikation über Kommunikation zu nutzen (Rühl 1987).

Wird Kommunikation von Handeln und Verhalten unzureichend unterschieden, dann gibt es offenkundig *keine Verstehensabsichten*. „Richtiges" Verstehen als das Moment des Zusammenwirkens von Kommunikation ist keine zwingende Voraussetzung, denn Missverstehen führt nicht notwendigerweise zum Abbruch von Kommunikation. *Verstehen* ist kein Ver-mitteln zwischen (psychischen) Bewusstseinssystemen, vielmehr Anknüpfungspunkt für Anschlusskommunikationen in Sozialsystemen. Im Verstehen als Ereignis wird die Zeitpunktgebundenheit von Kommunikation overt: Wer hier und jetzt versteht, tut dies nicht für alle Zeiten. Die kommunikativen Selektionen von Sinn, Thema, Information, Mitteilung, Gedächtnis und Verstehen sind voneinander abhängig und greifen durch Synthesen auf sich selbst vor und zurück (Luhmann 1984, S. 193 ff., 267 ff.). Kommt es beim Beobachten kommunizierender Beobachter wegen unterschiedlichen Kommunikationsvermögens zu Fehldeutungen und Informationsunterschieden, dann sind durchlässige Kommunikationsgrenzen zu markieren, damit interne *Entscheidungen* organisationsspezifisch definiert werden können (Schneider 2010).

An die Stelle von Hierarchie rückt in Luhmanns Organisationsarchitektur das Konstrukt *Mitgliedschaft* als Kriterium der Formalisierung von Organisation. Unterschiedliche Mitgliedschaften erlebte der jugendliche Niklas Luhmann in unüblicher Dichte. Der Zehnjährige wird als Gymnasiast „freiwilliges Mitglied" des Johanneum in Lüneburg. Luhmann überspringt eine Klasse und der Fünfzehnjährige wird als Luftwaffenhelfer ein „Pflichtmitglied" in Flakstellungen um Lüneburg. Kurz vor Kriegsende wird der Siebzehnjährige Soldat und somit „vereidigtes Mitglied" der deutschen Wehrmacht. Anschließend wird Luhmann für kurze Zeit „Zwangsmitglied" in einem amerikanischen Kriegsgefangenenlager.

Mitgliedschaften in Organisationen beginnen im Allgemeinen mit dem Eintritt. Wer Mitglied wird übernimmt auf Zeit unterschiedliche Rechte und Pflichten in und für die Organisation – bis zum Austritt. Organisationen stehen immer in Wechselbeziehungen zu gesellschaftlichen Umwelten, vorwiegend durch Leistungen und Gegenleistungen über allerlei *Märkte*. Organisationen operieren gegenüber Umwelten *verschlossen*, nicht abgeschottet. Sie lösen interne Probleme als Aufgaben der Organisation anhand zeitlich vorab festgelegter *Entscheidungsprogramme*, die in gesellschaftlichen Umwelten autonom zu steuern und zu regulieren versucht werden. An Mitgliedschaftsrollen sind üblicherweise weitere formale Rollen, etwa Arbeits- und Berufsrollen, auch informelle Sozialrollen angekoppelt, durch die organisationseigene Entscheidungen getroffen werden können. *Stellen* werden von Organisationen als Strukturformen festgelegt und zu verschiedenen Zeiten unterschiedlich besetzt und umbesetzt, können aber auch aufgegeben werden. Rollen, Stellen, Werte und die Normen des Rechts, der Moral, des (sozialen) Vertrauens und der Konventionen (Dank, Höflichkeit, Freundlichkeit) dienen als Strukturen der Stabilisierung von Organisationen (Luhmann 1964). Die zeitlich vorab festgelegten Entscheidungsprogramme operieren mit formalisierten *Kommunikationsnetzen* (Blöbaum 2004, 1994; Rühl 1980, 1969; Luhmann 1964, S. 190 ff.). Anders als der Organismus hat das Kommunikationssystem Organisation keinen Anfang und kein Ende im Sinne der Topoi Geburt und Tod. Als evolutionäre Errungenschaften der Weltgesellschaft verfügen Organisationen über ein hohes Entwicklungsniveau (Luhmann 1997, S. 827), umfangreich beobachtet durch Sozialwissenschaftler (Luhmann 1970, S. 232).

Wissenschaftssoziologisch konstatiert Luhmann (1970, S. 232): „Zwei Themen beherrschen die heutige Diskussion über Wissenschaft: die Frage der Organisation der Wissenschaft im Sinne spezifischer Leistungserwartungen und die Frage ihrer Autonomie." Brauchbare Anwendungstheorien für Organisationen und Kommunikationen werden möglich (Luhmann 1964, 1966, 2000), kommen „passende" Erkenntnistheorien (Luhmann 1984) und Methodentheorien (Luhmann 1980–1995) zum Einsatz. Bei den Publikationen *Veränderungen im System gesellschaftlicher Kommunikation und die Massenmedien* (Luhmann 1975) und *Die Realität der Massenmedien* (Luhmann 1996b) handelt es sich eher um politisch-soziale Sonderanalysen am Rande des Luhmannschen Werkekomplexes.

Ob und wie Techniken und Technologien, Finanzierung, Zahlungsfähigkeit, Autorität und Autonomie bei der Organisationskommunikation mitwirken, hat Kommunikationswissenschaftler bisher wenig interessiert. Dazu gehört auch die Fülle und der Umgang mit gesellschaftlichen Ressourcen zur Verwirklichung von Organisationskommunikation, so da sind: Geld, Kredit, Zeit, qualifiziertes Personal, sinnmachende Informationen, psychische und soziale Gedächtnisse, Kenntnisse und Wissen, thematisierbare „Stoffe", öffentliche Aufmerksamkeit, verbindliches Recht, mitmenschliche Achtung und Möglichkeiten der Kommunikationsfreiheit. Gesellschaftliche Ressourcen für organisatorische Produktion und Distribution sind marktförmig zu beschaffen (Rühl 1993b, 1993c), im Wechsel mit verfassungsrechtlichen, allgemeinrechtlichen, publizistischen, politischen und wirtschaftlichen Ressourcen.

# Ausblicke

# 4

Organisationskommunikation kann gegenwärtig als vorprogrammierte Telekommunikation beinahe überall auf der Welt versandt und empfangen, gesehen, gehört und gelesen werden. Wird Organisationskommunikation anderen Kommunikationsformen lediglich zugeordnet, kann sie dann mit entsprechenden Preisoperationen auf Weltmärkten in Verbindung gebracht werden? Was darf Organisationskommunikation monetär kosten, was sozial? Oder sind Probleme der Organisationskommunikation nach eigenen Regeln zu bezahlen, wenn sie als „Massenware" Kosten verursachen? Wird gegenwärtig an deutschsprachigen Hochschulen Organisationskommunikation in spezialisierten Spezialstudiengängen gelehrt, gelingt dies ohne theoriegeschichtliche Einführungen? Versetzt ein hausgemachtes Erfahrungswissen [knowhow] in die Lage, Problemen von „Big Data", „Silicon-Valley-Economy" und Geheimdienstauswertungen zu begegnen?

Eine übervereinfachte Erforschung der Organisationskommunikation steht unter dem Verdacht, den Heinz von Foerster (1985, S. 17) mit seinem Theorem Nr. 1 formuliert: „Je tiefer das Problem, das ignoriert wird, desto größer sind die Chancen, Ruhm und Erfolg einzuheimsen." Nach dem vorstehenden Ein- und Überblick bestehen Erkenntnischancen, wenn Probleme der Organisationskommunikation mithilfe von System/Umwelt-, Kommunikations-, Organisations-, Entscheidungs- und Gesellschaftstheorien rekombiniert bearbeitet werden. Mit unklaren Begriffsmodellen sind womöglich Ergebnisse, aber keine Erkenntnisse zu gewinnen, denn: „Das empirische Denken ist klar erst im nachhinein, wenn der Apparat der Erklärung zum Zuge gekommen ist" (Bachelard 1978, S. 46).

© Springer Fachmedien Wiesbaden 2015

M. Rühl, *Organisationskommunikation von Max Weber zu Niklas Luhmann*,
essentials, DOI 10.1007/978-3-658-08924-5_4

# Literatur


Austin, Michel, und Pierre Vidal-Naquet. 1984. *Gesellschaft und Wirtschaft im alten Griechenland*. München: Beck.

Bachelard, Gaston. 1978. *Die Bildung des wissenschaftlichen Geistes. Beitrag zur Psychoanalyse der objektiven Erkenntnis*. Frankfurt a. M.: Suhrkamp (zuerst 1938).

Barnard, Chester I. 1948. *Organization and management*. Cambridge: Harvard University Press.

Barnard, Chester I. 1970. *The functions of the executive*. 22. Aufl. Cambridge: Harvard University Press (zuerst 1938).

Baecker, Dirk. 2006. *Wirtschaftssoziologie*. Bielefeld: transcript.

Blöbaum, Bernd. 1994. *Journalismus als soziales System. Geschichte, Ausdifferenzierung und Verselbständigung*. Opladen: Westdeutscher Verlag.

Blöbaum, Bernd. 2004. Organisationen, Programme und Rollen. Die Struktur des Journalismus. In *Theorien des Journalismus. Ein diskursives Handbuch*, Hrsg. Martin Löffelholz, 201–215. Wiesbaden: Westdeutscher Verlag.

Blum, Elenanor. 1964. *Communications research in U.S. universities. A directory*. Urbana: Institute of Communications Research, University of Illinois.

Craig, Robert T., und Heidi L. Muller, Hrsg. 2007. *Theorizing communication. Readings across traditions*. Los Angeles: Sage

Dahrendorf, Ralf. 1959 *Sozialstruktur des Betriebes. Betriebssoziologie*. Wiesbaden: Gabler.

Dammann, Klaus, Dieter Grunow, und Klaus P. Japp, Hrsg. 1994. *Die Verwaltung des politischen Systems. Neuere systemtheoretische Zugriffe auf ein altes Thema* (= Niklas Luhmann zum 65. Geburtstag). Opladen: Westdeutscher Verlag.

Dance, Frank E. X., Hrsg. 1967. *Human communication theory. Original essays*. New York: Holt, Rinehart and Winston.

Dohrn-van Rossum, Gerhard, und Ernst-Wolfgang Böckenförde. 1978. Organ, Organismus, Organisation, politischer Körper. In *Geschichtliche Grundbegriffe. Historisches Lexikon zur politisch-sozialen Sprache in Deutschland*, Hrsg. Otto Brunner et al., Bd. 4, 519–622. Stuttgart: Klett-Cotta.

Dovifat, Emil. 1931. *Zeitungswissenschaft. Bd. I (Allgemeine Zeitungslehre), Bd. II (Praktische Zeitungslehre)*. Berlin: de Gruyter.

Dygutsch-Lorenz, Ilse. 1971. *Die Rundfunkanstalt als Organisationsproblem*. Düsseldorf: Bertelsmann Universitätsverlag.


© Springer Fachmedien Wiesbaden 2015

M. Rühl, *Organisationskommunikation von Max Weber zu Niklas Luhmann*, essentials, DOI 10.1007/978-3-658-08924-5

Ely, Donald P. 1961. *The organization and development of communications programs in selected institutions of Higher Education*. Ph. D. dissertation. Syracuse University

Fayol, Henri. 1962. *Administration Industrielle et Générale: Prevoyance, Organisation, Commandement, Coordination, Controle*. Paris: Dunod (zuerst 1916). Dt. (1929) *Allgemeine und industrielle Verwaltung*. München: Oldenbourg.

Foerster, Heinz von. 1985. *Sicht und Einsicht*. 2. Aufl, 17–23. Braunschweig: Vieweg.

Follett, Mary Parker. 1896. *The speaker of the House of Representatives*. London: Longmans.

Follett, Mary Parker. 1918. *The new state: Group organization, the solution of popular government*. New York: Longmans.

Follett, Mary Parker. 1924. *Creative experience*. New York: Longmans, Green.

Follett, Mary Parker. 2013. *Dynamic administration. The collected papers of Mary Parker Follett*, Hrsg. v. Henry C. Metcalf und L. Urwick. Mansfield Centre: Martino Publishing (zuerst 1941).

Hegel, Georg Wilhelm Friedrich. 1969. *Briefe von und an Hegel*. Bd. 1, Hrsg. von Johannes Hoffmeister, 1785–1812. 3. Aufl. Hamburg: Meiner.

Hobbes, Thomas. 1968. In *Leviathan*, Hrsg. v. C. B. MacPherson. Baltimore: Penguin (zuerst 1651).

Kant, Immanuel. 1968. *Kritik der Urteilskraft. Kant Werke*. Bd. 8, 233–620. Darmstadt: Wissenschaftliche Buchgesellschaft (zuerst 1790).

Kaube, Jürgen. 2014. *Max Weber. Ein Leben zwischen den Epochen*. Berlin: Rowohlt.

Kosiol, Erich. 1959. *Grundlagen und Methoden der Organisationsforschung*. Berlin: Duncker & Humblot.

Lasswell, Harold D. 1958. Communications as an emerging discipline. *AV Communications Review* 6:245–254.

Littlejohn, Stephen W., und Karen A. Foss. 2011. *Theories of human communication*. 10. Aufl. Long Grove: Waveland.

Luhmann, Niklas. 1964. *Funktionen und Folgen formaler Organisation*. Berlin: Duncker & Humblot.

Luhmann, Niklas. 1966. *Theorie der Verwaltungswissenschaft. Bestandsaufnahme und Entwurf*. Köln: Grote.

Luhmann, Niklas. 1970. Selbststeuerung der Wissenschaft. In *Niklas Luhmann: Soziologische Aufklärung*, 232–252. Köln: Westdeutscher Verlag.

Luhmann, Niklas. 1975. Veränderungen im System gesellschaftlicher Kommunikation und die Massenmedien. In *Die elektronische Revolution. Wie gefährlich sind die Massenmedien?*, Hrsg. Oskar Schatz, 13–30. Graz: Styria.

Luhmann, Niklas. 1980–1995. *Gesellschaftsstruktur und Semantik*. Bd. 1–4. Frankfurt a. M.: Suhrkamp.

Luhmann, Niklas. 1984. *Soziale Systeme. Grundriß einer allgemeinen Theorie*. Frankfurt a. M.: Suhrkamp.

Luhmann, Niklas. 1995. *Was ist Kommunikation?* In: Niklas Luhmann: *Soziologische Aufklärung 6. Die Soziologie und der Mensch*, 113–124. Opladen: Westdeutscher Verlag.

Luhmann, Niklas. 1996a. Selbstbeobachtung des Systems. Ein Gespräch. In *Welten im Kopf. Pofile der Gegenwartsphilosophie. Deutschland*, Hrsg. Ingeborg Breuer, Peter Leusch, und Dieter Mersch, 169–179. Darmstadt: Wissenschaftliche Buchgesellschaft.

Luhmann, Niklas. 1996b. *Die Realität der Massenmedien*. 2. Aufl. Opladen: Westdeutscher Verlag.

Luhmann, Niklas. 1997. *Die Gesellschaft der Gesellschaft*. 2 Bd. Frankfurt a. M.: Suhrkamp.

Luhmann, Niklas. 2000. *Organisation und Entscheidung*. Opladen: Westdeutscher Verlag

Luhmann, Niklas. 2004. *Einführung in die Systemtheorie* 2. Aufl., Hrsg. von Dirk Baecker. Darmstadt: Wissenschaftliche Buchgesellschaft.

Luhmann, Niklas, und Renate Mayntz. 1973. *Personal im öffentlichen Dienst. Eintritt und Karriere. Personaluntersuchung unter Mitarbeit von Rainer Koch und Elmar Lange*. Baden-Baden: Nomos.

March, James G., und Herbert A. Simon. 1958. *Organizations*. New York: Wiley.

Mayntz, Renate. 1963. *Soziologie der Organisation*. Reinbek: Rowohlt.

Mayntz, Renate, Hrsg. 1968. *Bürokratische Organisation*. Köln: Kiepenheuer & Witsch.

Mayntz, Renate. 1978. *Soziologie der öffentlichen Verwaltung*. Heidelberg: C. F. Müller.

Mayo, Elton. 1933. *The human problem of an industrial civilization*. New York: Macmillan.

Metcalf, Henry C., und L. Urwick. 2013. *Introduction* In *Dynamic administration. The collected papers of Mary Parker Follett*, Hrsg. Parker Mary, v. Henry C. Metcalf, und L. Urwick. Mansfield Centre: Martino Publishing (zuerst 1941).

Perrow, Charles. 1979. *Complex organizations. A critical essay*. 2. Aufl. Dallas: Scott.

Plenge, Johann. 1965. Drei Vorlesungen über die allgemeine Organisationslehre. In *Johann Plenges Organisations- und Propagandalehre.* Eingel, Hrsg. von Hanns Linhardt, 59–117. Berlin: Duncker & Humblot (zuerst 1919).

Redding, W. Charles. 1972. *Communication within the organization. An interpretive review of theory and research.* New York: Industrial Communication Council.

Roberts, K. H., C. A. O'Reilly, G. E. Bretton, und L. W. Porter. 1974. Organizational communication and organizational theory: A communication failure? *Human Relations* 27:501–524.

Roethlisberger, Fritz J., und William J. Dickson. 1975. *Management and the worker. An account of a research program conducted by the Western Electric Company, Hawthorne Works*. 17. Aufl. Cambridge: Harvard University Press (zuerst 1939).

Rogers, Everett M., und Rekha Agarwala-Rogers. 1976. *Communication in organizations*. New York: Free Press-Collier Macmillan.

Rühl, Manfred. 1969. *Die Zeitungsredaktion als organisiertes soziales System*. Bielefeld: Bertelsmann Universitätsverlag.

Rühl, Manfred. 1980. *Journalismus und Gesellschaft. Bestandsaufnahme und Theorieentwurf.* Mainz: v. Hase und Koehler.

Rühl, Manfred. 1987. Humankommunikation und menschliche Erfahrung. Zum Umbau von Kernbegriffen in der gegenwärtigen Gesellschaft. In *Kommunikation und Erfahrung. Wege anwendungsbezogener Kommunikationsforschung*, Hrsg. Manfred Rühl, 5–66. Nürnberg: Kommunikationswissenschaftliche Forschungsvereinigung.

Rühl, Manfred. 1993a. Das mittelalterliche Kloster – beobachtet im Lichte der Theorie der Organisationskommunikation. In *Theorien der öffentlichen Kommunikation – Problemfelder, Positionen, Perspektiven*, Hrsg. Günter Bentele und Manfred Rühl, 314–324. München: Ölschläger.

Rühl, Manfred. 1993b. Ökonomie und publizistische Leistungen. Wer bezahlt und vor allem: wie? – Eine nicht nur wirtschaftliche Problematik für die Publizistikwissenschaft. In *Krieg, Aids, Katastrophen... Gegenwartsprobleme als Herausforderung der Publizistikwissenschaft* (= Festschrift für Ulrich Saxer), Hrsg. Heinz Bonfadelli und Werner A. Meier, 307–326. Konstanz: Universitätsverlag.

Rühl, Manfred. 1993c. A market concept for media problems. A few theses. *The Journal of Media Economics* 6:13–24.

Rühl, Manfred. 2008a. *Kommunikationskulturen der Weltgesellschaft. Theorie der Kommunikationswissenschaft*. Wiesbaden: Verlag für Sozialwissenschaften.

Rühl, Manfred. 2008b. Journalism in a globalizing world society: A societal approach to journalism research. In *Global journalism research. Theories, methods, findings, future*, Hrsg. Martin Löffelholz und David Weaver, 28–38. Malden: Blackwell.

Rühl, Manfred. 2015. *Journalismus und Public Relations. Theoriegeschichte zweier weltgesellschaftlicher Errungenschaften*. Wiesbaden: VS Verlag für Sozialwissenschaften.

Scaff, Lawrence A. 2013. *Max Weber in America*. Duncker und Humblot: Berlin.

Schanz, Günther. 1979. *Betriebswirtschaftslehre als Sozialwissenschaft*. Stuttgart: Kohlhammer.

Schneider, Scarlett. 2010. *Grenzüberschreitende Organisationskommunikation. Eine Studie auf systemtheoretischer Basis*. Berlin: LIT.

Schöne, Walter. 1928. *Die Zeitung und ihre Wissenschaft*. Leipzig: Timm.

Schramm, Wilbur. 1997. *The beginnings of communication study in America. A personal memoir*, Hrsg. v. Steven H. Chaffee und Everett M. Rogers. Thousand Oaks: Sage.

Seeling, Stefan. 1996. *Organisierte Interessen und öffentliche Kommunikation. Eine Analyse ihrer Beziehungen im Deutschen Kaiserreich* (1871–1914). Opladen: Westdeutscher Verlag.

Simon, Herbert A. 1945. *Administrative behavior. A study of decision-making processes in administrative organization*. New York: Macmillan.

Simon, Herbert A. 1959. Theories of decision-making in economics and behavioral science. *American Economic Review* 49:253–283.

Simon, Herbert A. 1981. *The sciences of the artificial*. 2. Aufl. Cambridge: MIT Press (zuerst 1969).

Smith, Alfred G., Hrsg. 1966. *Communication and culture. Readings in the code of human interaction*. New York: Holt, Rinehart and Winston.

Taylor, Frederick W. 1911. *The principles of scientific management*. New York: Harper & Brothers.

Theis, Anna Maria. 1994. *Organisationskommunikation: Theoretische Grundlagen und empirische Forschungen*. Opladen: Westdeutscher Verlag.

Walter-Busch, Emil. 1996. *Organisationstheorien von Weber bis Weick*. Amsterdam: OPA Overseas Publishers Association.

Weber, Max. 1924a. *Gesammelte Aufsätze zur Sozial- und Wirtschaftsgeschichte*. Tübingen: Mohr (Siebeck).

Weber, Max. 1924b. Methodologische Einleitung für die Erhebung des Vereins für Sozialpolitik über Auslese und Anpassung (Berufswahl und Berufschicksal) der Arbeiterschaft der geschlossenen Großindustrie. In *Gesammelte Ausätze zur Soziologie und Sozialpolitik*, Hrsg. Max Weber, 1–60. Tübingen: Mohr (Siebeck), (zuerst 1908).

Weber, Max. 1963. *Gesammelte Aufsätze zur Religionssoziologie*. 5. Aufl. Tübingen: Mohr (Siebeck.) (zuerst 1920).

Weber, Max. 1985. *Wirtschaft und Gesellschaft. Grundriß der verstehenden Soziologie*, 5. Aufl., hrsg. v. Johannes Winckelmann. Tübingen: Mohr (Siebeck) (zuerst 1922).

Weber, Max. 1991. Die „Objektivität" sozialwissenschaftlicher und sozialpolitischer Erkenntnis. In *Max Weber: Schriften zur Wissenschaftslehre*, Hrsg. und eingel. von Michael Sukale, 21–101. Stuttgart: Reclam (zuerst 1904).

Weick, Karl E. 1995. *Sensemaking in organizations*. Thousand Oaks: Sage.

Weischenberg, Siegfried. 2012. *Max Weber und die Entzauberung der Medienwelt. Theorien und Querelen – eine andere Fachgeschichte*. Wiesbaden: VS Verlag für Sozialwissenschaften.

White, David Manning. 1950. The „Gatekeeper“. A case study in the selection of news. *Journalism Quarterly* 27:383–390.

Williamson, Oliver. E. 1985. *The economic institutions of capitalism: Firms, markets, and relational contracting*. New York: Free Press.

# Lesen Sie hier weiter

Manfred Rühl

**Journalismus und Public Relations**
Theoriegeschichte zweier weltgesell-schaftlicher Errungenschaften

2015, XIV, 134 S.
Softcover: € 29,99
ISBN 978-3-658-06533-1

Änderungen vorbehalten.
Erhältlich im Buchhandel oder beim Verlag.

Einfach portofrei bestellen:
leserservice@springer.com
tel +49 (0)6221 345-4301
springer.com